채운재 시선 138
김 운 중 제6기행민조시집

세블 아리랑

도서
출판 채운재

세불
아리랑

김 운 중 제6기행민조시집

채은재

시인의 말

6집을 묶으며

  땅거미를 생각하는 때에 접어드는 시련이 한 생을 늪으로 몰아가는 듯하여 다시금 또 하나의 삶을 생각한다.
  광야에 혼자 서 있기를 70평생인데 이제 와서 또 무슨 새로운 영화를 기대 하겠는가!
  배고프고 고단함 속에서도 용케 살다 가신 선조들의 발복으로 여기까지 왔으니 이 또한 초라한 나의 마음에 위로가 되었다.
  다만 어릴 때부터 일기를 쓰지 않으면 안되었던 일종의 습관으로 가는 곳 시간 날때마다 적어 간추린 글들을 모아 3년을 미룬 끝에 6권 115여편을 한 묶음으로 펴낸다.
  함께 준비한 7권에는 세계 여행속의 여러 나라 200여편이 세번째 마무리되고 있다. 이 시집을 접한 많은 분들의 관심 있는 탐독을 기대한다.

〈2022 임인년 봄.〉

차 례 ──────── 김 운 중 제6기행민조시집
'셔블 아리랑'

시인의 말_5

제1부 | 서울·경기 편

장 봉 도(長峰島)_15
둥둥 자라섬_16
운길산의 꿈_17
경 로 석_18
꽁지선사_19
내시(內侍)의 땅_20
함 봉 산(麒峰山)_21
강화바람_22
송악 깃발_23
성균관 할배_24
창경궁 옛봄_25
숭의전(崇義殿) 새싹_26
연미정(燕尾亭) 바람소리_27
가을 전등사_28
예성강 돛단배(輦積帆船)_29
화성의 얼_30
고인돌 하늘_31
석모도 노을_32
평택 신도시_33

김 운 중 제6기행민조시집
'셔블 아리랑' ─────────── 차   례

제 2 부 | 강원 편

원주 두꺼비 _37
'동송(東松)'의 별 _38
태봉(泰封)땅에서 _39
동해 공양왕(東海 恭讓王) _40
오 죽 헌(烏竹軒) _41
술샘 주천(酒泉) _42
낙산사 불맛 _43
미시령(彌矢嶺) 봄바람 _44
금강산 건봉사 _45
송 지 호(松枝湖) _46
목선 비행기 _47
해 금 강(海金剛) _48
비목 공원 _49
솜 구 름 _50
허난설헌(許蘭雪軒)땅 _51
평창골 함성 _52
하조대(河趙臺) 아침 _53
땅속 놀이꾼 _54

7

차 례 ——————————— 김 운 중 제6기행민조시집
'셔블 아리랑'

제 3 부 | 충청·호서 편

계백 공원_57
노루궁뎅이_58
고치는 마음_59
옛 초병 방패_60
천년 미소_61
구드래 나루_62
구드래 탕관_63
궁남지 하늘_64
황포 나루_65
마 곡 사_66
장 곡 사_67
고 란 사_68

제 4 부 | 영남 편

남명 고을_71
화랑의 빛_72
평 사 리_73
화 계 골_74
월난정사(月蘭精舍)_75
명 적 암_76

김 운 중 제6기행민조시집
'셔블 아리랑'

차 례

독도 파랑 _ 77
독도 유감 _ 78
저 동 항 _ 79
성 인 봉·1 _ 80
성 인 봉·2 _ 81
울 릉 도 _ 82
누운 돌기둥 _ 83
배산임수(背山臨水) _ 84
고성(固城)하늘 _ 85
옥 천 사(玉泉寺) _ 86
익룡나라 _ 87
불덩이 의병 _ 88
보 문 호 _ 89
셔블 아리랑 _ 90
화랑 불심(花郞 佛心) _ 91
만 취 당 _ 92
사촌(沙村)마을 _ 93
내앞마을 _ 94
무섬 마을 _ 95
임 청 각(臨淸閣) _ 96
청 암 정(淸巖亭) _ 97
솔다리 섶다리 _ 98
수승대 물소리 _ 99
용암 몽돌 _ 100

차 례 ──────── 김 운 중 제6기행민조시집
'셔블 아리랑'

제 5 부 | 호남 편

소 록 도 _103
불 갑 사 _104
도초도 흰파랑 _105
모항(茅項) 해나루 _106
남도 석성(石城) _107
완도(莞島) 물길 _108
미황사 목청(木鯖) _109
군산항 나락 배 _110
광한루 하늘 _111
탐진강 군마 _112
도솔천 가지바람 _113
광한루 별빛 _114
오산(鼇山) 사성암 _115
선암사 큰북 _116
마량항 갈매기 _117
청산도 초분(草墳) _118
馬 耳 _119
8월에 진 꽃 _120

김 운 중 제6기행민조시집
'셔블 아리랑'

차 례

제 6 부 | 잡록 편

봄 날 _123
하늘 찾는 날 _124
연 기(煙氣) _125
하 늘 _126
내땅 네하늘 _127
제 삿 밥 _128
깊은밤 꿈노래 _129
외 목 청 _130
은발 수하(樹下) _131
꿈 같은 날 _132
길 갓 집 _133
바다에 길이 나면 _134
억지 춘향 _135
분홍 안개 꿈 _136
남녘 생각 _137
잃어버린 공포 _138
외줄 쌍줄 _139
말 매 미 _140

평 설 _141

제 1 부
서울·경기 편

장 봉 도(長峰島)
둥둥 자라섬
운길산의 꿈
경 로 석
꽁지선사
내시(內侍)의 땅
함 봉 산(艦峰山)
강화바람
송악 깃발
성균관 할배
창경궁 옛봄
숭의전(崇義殿) 새싹
연미정(燕尾亭) 바람소리
가을 전등사
예성강 돛단배(輦積帆船)
화성의 얼
고인돌 하늘
석모도 노을
평택 신도시

장 봉 도 (長峰島)

산속의 바다런가
장봉도 하늘
치켜세운 철탑.

해당화 하하 호호
놀란 갈매기
날아간 어흐응.

도도히 흐른 물결
뭍을 헤이는
연락선 카페리.

영종도 은빛날개
연락선 고동
푸른 물밭 쉼터.

〈2015.8.9. 장봉도에서.〉

둥둥 자라섬

둥둥섬 자라섬에
걸린 초녘달
훔치는 물이랑.

모닥불 옹기종기
뜬눈 텐트 촌
다듬는 새 추억.

매달린 전동차에
날려보는 맘
집찾는 이방인.

자라라 자라 섬 꿈
네잎 크로버
하늘 땅 품었네.

〈2015.11.21. 자라섬 캠핑 중.〉

운길산의 꿈

수종사 찻간 보살
자연방하(自然放下)는
걍 내려놓는 것.

팔당호 찾던 하늘
챙긴 안과 밖
가득한 안개 꿈.

소꿉 벗 꿈속에는
흙탕 신작로
흐르는 긴 여운.

맞장뜬 은행나무
5백년 향기
잠 못 든 해우소.

〈2015.11.22. 수종사에서.〉

경로석

줄 께요
파란 빈대
기초연금도
다시 뜬 마이크.

버텨선 검은 머리
좌불안석은
경로석 중절모.

〈2015.11.23. 경로석 앞에서.〉

꽁지선사

한복판 땡강 땡강
2장에 5원
잊혀진 느림보,

땅속엔 은지팡이
파고드는 꿈
흔들린 허리띠.

삐비빅 오르내린
새 세기 문명
꿰뚫은 마음 속,
반세기 흘린 땀.

〈2015.12.6. 지하철에서.〉
海東文學 2016 가을호.

내시(內侍)의 땅

등 굽은 큰 마당에
펄럭인 청포
하늘 가린 그림.

천세를 잊은 가슴
잃어버린 땅
이슬 낀 눈망울.

집 나간 북망하늘
형님들 나라
사뿐 사뿐 사뿐.

가득한
산
강
바람
하늘 한세상
채워도 채워도.

〈2016.1.10. 북한산에서.〉
海東文學 2016 가을호.

함 봉 산(䲹峰山)

갈라논 말 놀이터
쇳꼬챙 바자*
빙그레 흰구름.

피고 진 꽃님 잎새
내 탓 네 탓은
부질없는 노래.

가지 끝 세멘둥지
하늘 한 백년
찰나 속 점 하나.

건너온 먼지바람
웅성거린 땅
원적산·천마산.

〈2016.4.17. 부평 백마장 䲹峰山에서.〉

---

* 바자 : 울타리

강화바람

연등 든 초록바람
땅버들 새촉
어이 알까
제철.

언발치 튀어올라
내뿜는 첫 숨
속없는 대(竹)마디.

연미정(燕尾亭) 황영장군
제비꼬리 땅
숨멈춘 고려기(旗).

엎드린 인조(仁祖)눈물
누루하치 꿈
얼룩진 강화섬.

〈2016.4.29. 강화 연미정에서.〉

송악 깃발

보리수 강화성당
배탄 코쟁이
꼬득인 흰옷들.

물건넌 송악바람
살쪼는 형제
붉은산 민둥산.

꽃개 뜬 옹진만에
몰려든 화약
이제나 저제나.

그려논 고속도로
끊긴 바다위
목타는 쪼막손.

〈2016.4.29. 교동도에서.〉

성균관 할배

6백년 은행나무
학동들 노래
동편제 서편제.

대성전 앞에 두고
지은 명륜당
동방의 배움터.

송은공(松隱公)* 할아버지
내친 붓 대롱
비껴간 싸움터.

오기로 얽힌 세상
제 살점 찾기
예나 지금이나.

〈2016.6.23. 성균관 마당에서.〉

---

* 송은公 : 김광수(松隱 金光粹, 1468~1563), 작자의 18대 조. 연산군 7년(1501년) 사마시(司馬試)에 합격. 진사가 되어 성균관에서 수학 중 정란(이후 여러 사화)을 예견하고 사촌마을로 귀향하여 정자 詠歸亭을 짓고 학문에만 전념하였다. 임진 왜난 때의 영의정 서애 유성룡의 외조부임.

창경궁 옛봄

살구 향 노랑 빛에
짓밟힌 하늘
동쪽궁궐 큰문.

실타래 임금님 글
꿀단지 문학
금기된 글쓰기.

뒤로 본 어긋장에
밟힌 창경궁
쉬는 성종 안태(安胎).

장희빈 나뒹굴던
뜰앞 태실(胎室)엔
성종 영조 나라.

〈2016.6.23. 창경궁에서.〉

숭의전(崇義殿) 새싹

숭의전 아침햇살
새봄 챙기는
한탄강 잠두봉.

배신청(陪臣廳) 송악기둥
할배 숨소리
충렬공 김방경*.

〈2017.4.2. 춘계 제례날.〉

* 忠烈公 金方慶(1212~1300) : 고려 후기의 명장이며 정치가. 삼별초 난을 평정했고 원나라가 일본을 정벌할 때 고려군 도원수(정동행성 성장)로 활약함. 舊 安東金氏 中始祖로 작자의 27대조이며 2017 현재 후예 47만여 명이다. 숭의전에 고려조 16공신으로 배향되어 있다.

연미정(燕尾亭) 바람소리

형·아우 억지춘향
인조왕(仁祖王) 수기(手記)
무릎 꾼 연미정.

풀피리 소몰이꾼*
옷고름 훔친
경복궁 나리들.

십자가 본당기둥
황해 건너던
백두산 소나무.

이방(吏房)들 흰 붓대롱
흔든 마니산
새털구름 강화(江華).

〈2017.10.20. 강화 연미정에서.〉

---

* 소몰이꾼 : 철종대왕.

가을 전등사

전등사
대웅보전
푸른 소나무
호국성전마당.

대조루 여덟기둥
떠받든 하늘
공양
가을단풍.

기러기 연등초롱
펼쳐진 궁악
보시
태평성대.

삼랑성* 지킨 혼불
정족산* 비탈
흰옷입은 목탁.

〈2017.10.20. 전등사 가을 축제장에서.〉

---

* 삼랑성(三郎城): 단군의 세 아들이 쌓았다는 마니산 성.
* 정족산(鼎足山): 천년고찰 전등사를 품은 산.

예성강 돛단배(輦積帆船)

돛단배 가교*실은
예성강 포구
애끓는 개경궁.

고려궁 고종황제
옮긴 송악산
항몽 큰북소리.

불란서 총잡이들
후린 강화도
활훠 궁터초병.

회나무 외규장각
끌려간 의궤(儀軌)
흰옷가린 눈물.

〈2017.10.20. 고려궁지에서.〉

* 가교 : 임금이 타는 가마.

화성의 얼

광교산 모인 붓끝
팔달문 열고
화성을 찾는다.

아비의 아린 마음
하늘 기대어
살핀 어진 백성.

회자를 걷는 철필
동·서장대는
만천하 본보기.

풀벌레 천세이을
하양 핫바지
천심·지심·본심.

〈2018.10.26. 화성 한국문협대표자대회.〉

고인돌 하늘

억겁을 헤매이던
태고적 용암
뽐낸 큰 숨소리.

천만년 손길지나
드러낸 맨몸
뜻모를 자부심.

날마다 열린 하늘
녹슬지 않는
만고의 불덩이.

찰나의 북소린가
터지는 고함
옛빛을 깊는다.

〈2019.5.30. 강화 고인돌에서.〉

석모도 노을

붉으레 하늘 떠날
석모도 황혼
새봄 속 안가슴.

격랑의 강물넘은
일엽 편주는
아직도 가랑잎.

여전한 소녀의 꿈
감춘 마음엔
나그네 긴 여정.

찰나의 숨소리로
함께 탄 지구
억겁을 헤인다.

〈2019.5.12. 席毛島 해넘이를 보면서.〉

평택 신도시

꿈꾸는 너른 터에
주인 된 억새
맞이할 신도시

제트기 폭음 담은
마른 하늘엔
뭉게구름 보초.

새 아씨 도시 맞든
앞치마에는
던진 호미 자루.

몰리는 돈꾼들은
북풍에 숨고
꿈틀대는 왕눈.

〈2019.1.11. 문곡리에서.〉

제 2 부
강원 편

원주 두꺼비
'동송(東松)'의 별
태봉(泰封)땅에서
동해 공양왕(東海 恭讓王)
오 죽 헌(烏竹軒)
술샘 주천(酒泉)
낙산사 불맛
미시령(彌矢嶺) 봄바람
금강산 건봉사
송 지 호(松枝湖)
목선 비행기
해 금 강(海金剛)
비목 공원
솜 구 름
허난설헌(許蘭雪軒)땅
평창골 함성
하조대(河趙臺) 아침
땅속 놀이꾼

원주 두꺼비

두꺼비 홀로 섬강(蟾江)
남한강(南漢江) 물길
비껴가는 원주(原州).

한적한 여주 이천(驪州 利川)
한양(漢陽)길 목로
물막이 나루터.

〈2015.5.22. 文山會 文學紀行 原州에서.〉

'동송(東松)'의 별

용암 튄 현무바위
목탄 한탄강
충무공 김응하*.

동송읍 수껑돌엔
방화복 섬유
가득한 논바닥.

고석정 대포소리
꿩 사냥 적막
코끝속 달래향.

금학산 일만칠천
날개 달린 땅
안동김씨 왕국.

〈2015.5.30. 철원들에서.〉
2020 '義城文學'.

---

* 金應河(1580~1619) : 조선시대 충무공 7명중 한 분. 明나라 신종황제가 장군에게 '요동백'을 봉함.(철원은 舊 안동김씨 김응하장군 일족들의 세거지이다).

태봉(泰封)땅에서

짙은 꿈 너른 녹음
펼친 태봉국(泰封國)
평강 아카시아.

지뢰 탄 관광열차
철원역 기적(鐵原驛 汽笛)
울린 백마고지(白馬高地).

피묻은 노동당사(勞動黨舍)
땅친 김일성(金日成)
쇠사슬 대동강(大同江).

땀내난 땅굴 속엔
찬바람 여름
녹슨 평양 밤길.

〈2015.5.31. 鐵原 泰封國을 바라보며.〉

동해 공양왕(東海 恭讓王)

두고 온 베갯머리
남은 용트림
어지러운 황포.

흐르는 별빛 안고
쫓기는 망루
철석인 동해물.

개경땅 선죽교엔
안창살 충절
등굽힌 새천지(天地).

살해 재 흙먼지엔
외마디 목청
물건넌 고려국(高麗國).

〈2015.9.10. 三陟 恭讓王陵에서.〉

오 죽 헌(烏竹軒)

오죽헌(烏竹軒) 바쁜 햇빛
덩 단 강낭대
게으른 백일홍.

쪽대숲 동녘 샛별
천추 푸른 넋
치마 속 너른 들.

하늘을 이고 자는
나라사랑은
반도(半島)의 소나무.

선비 혼 헤친 국난
그늘 속 안창
하양 등불 민족.

〈2015.9.10. 江陵에서.〉
계간문예 53호.

술샘 주천(酒泉)

법흥사 한기 속에
술샘 산골 물
낙엽띄운 동강.

분홍빛 마음 술잔
장릉 향한 맘
내친 여름 서리.

서녘 강 청령포에
가득한 발길
옛길 찾는 역사.

울리는 적멸보궁
산은 산이요
흐르는 지구별.

〈2015.10.24. 寧越 酒泉에서.〉

낙산사 불맛

하늘가 오른 불길
한줌 회오리
혼비백산 악귀.

선 부도 튼 뿌리속
대롱거린 끈
낙산사 쇠북종.

홍련암 들락날락
틈새 바윗돌
감싸안은 포말.

일엽송 긁은 바람
천지개벽은
부처님 불호령.

〈2016.3.26. 낙산사에서.〉

미시령(彌矢嶺) 봄바람

미시령 잔설 태운
봄바람 등쌀
참견 동해훈풍.

엉킨 꿈 새촉 찾는
용트림 뿌리
뭉글린 솔가지.

경포호 저은 뱃전
선교장 앞뜰
솟을대문 초가.

웅성인 하늘나래
명주골 왕족
청청솔 푸른솔.

〈2016.3.26. 선교장에서.〉

금강산 건봉사

불이문 잡은 어뢰
등 봉례 올린
건봉염불 도량.

꿀벌들 하늘 목탁
아카시아 향
바둑판 모내기.

오봉산 찾은 길목
잊고 간 부처
한잠 든 산신령.

성황당 내린 여신
빙그레 뚝심
미인국 오호리.

〈2016.5.21. 五湖里 바닷가에서.〉

송 지 호(松枝湖)

바람 배 띄운 자리
놀란 연어알
빈배탄 놀이꾼.

오호리 다섯 호수
물길 튼 마음
새 천년 꿀벌통.

물개섬 아슴아슴
시암 바위는
먼 파랑 막는다.

빈 돛대 가득 채운
낚시몰이꾼
살아난 뱃머리.

〈2016.5.21. 송지호에서.〉

목선 비행기

거느린 폭포 한층
하양 띠 포말
한 울타리 구릉.

정복자 야바위꾼
선잠든 틈새
멈춰선 기찻길.

끌려간 태백산맥
쪽발 환호성
열받던 진돗개.

먹물항(墨湖港) 삼척선비
거니는 파랑
햇빛 바쁜 가을.

〈2016.7.7. 東海港에서.〉

해 금 강(海金剛)

해금강 감아 안은
통일 전망대
흐르는 바닷빛.

붉은산 푸른마음
까망얼굴들
흰옷잃은 북녘.

불덩이 날린 동해
놀란 게다짝
울다가 웃다가.

샛바람 밀린소리
스며든 하늘
어흠
단군(檀君) 할배.

〈2016.5.21. 東海 五湖里 바닷가에서.〉

비목 공원

산중턱 마주치는
곡괭이 일벌(가로막은 둑)
잠재우는 총성.

어머니
아비규환 메아리 치던
살애는 안창살.

숨 멈춘 골짜기의
조롱박 새들
벗겨진 넝쿨들.

비(碑)나무 걸린 철모
삭고 녹아도
가고 못 오는 땅.

〈2016.7.19. 碑木公園에서.〉

솜 구 름
— 코꼴 등잔

솜구름 떠가는 날
감춘 감자싹
'김동명 문학관'.

맑은 물 한 두레박
춤추는 옆닢
뒷동산 감나무.

한구석 코꼴* 등잔
옛일 알리는
꿈터 초가삼칸.

'그대 노 저어오오'
그린 핫바지
호수 위 내마음.

〈2017.4.27. 김동명 文學館에서.〉

---

* 코꼴:방 한구석에 호롱불(등잔)을 얹어 놓는 시설.

허난설헌(許蘭雪軒) 땅

오죽헌 검은 대순
허난설헌 땅
새노래 새마음.

꿈속의 고속열차
동해 물이랑
한달음 대관령.

썰매탄 흰호랑이
지구촌 아이
평창길 눈밭길.

경포대 하늘 후린
마음의 술잔
별 녹인 하늘 땅.

⟨2017.4.27. 강릉 烏竹軒에서.⟩

평창골 함성

평창골 고함소리
기다리는 날
하늘 뛸 스키어.

솟구쳐 물드는 낢
강낭대궁에
밀려오는 단풍.

색동깃 컨닝해온
릴리함메르
젊은 건각들 춤.

3수(修)끝 곡괭이들
모을 세계의 눈
용평 스타디움.

〈2017.10.20. 동계올림픽 기다리는 용평에서.〉

하조대(河趙臺) 아침

하조대 송진향기
뒤덮힌 동해
반도의 조선옷.

바위틈
머리 싸맨 하륜(河崙)·조준(趙浚)*
허기진 절경
출렁이던 바람.

두고 온 그 하늘 땅
움켜쥔 허리
물머리 아이들.

터널 속 예의지국
헤어날 그날
자유시민 대한.

〈2018.10.12. 河趙臺에서.〉

---

* 하륜(1347~1416)·조준(1346~1405) : 여말선초의 명신들.

땅속 놀이꾼

억만년 삶은 국물
퍼져버린 혼
다시 찾는 동굴.

한 때의 큰꿈에는
새 빛 돋으리 덜렁인 귀신 줄.

마리아 관음보살
다 모여든 곳
암흑 속의 나래.

달아난 눈망울은
더듬이 되어
겹겹이 흐른다.

⟨2019.7.12. 성류굴에서.⟩

제 3 부
충청·호서 편

계백 공원
노루궁뎅이
고치는 마음
옛 초병 방패
천년 미소
구드래 나루
구드래 탕관
궁남지 하늘
황포 나루
마 곡 사
장 곡 사
고 란 사

계백 공원

관촉사 풍경소리
견훤 발자욱
바람소리 낡아.

개태사 불탑공양
왕건의 뚝심
어리는 황산벌.

흩어진 화살촉에
예사람 울고
녹음들 울거져.

아느뇨 해오랍아
이땅위 옹기
달구름 소리를.

〈2015.8.6. 논산 황산벌에서.〉
2018 한국문예.

노루궁뎅이

주름살 떠받치는
노루궁뎅이
파릇파릇 이마.

대추집 솔방울 꿈
느타리 버섯
빙그레 삼팔선.

한 백년 채워 본들
끝간 곳 없는
숨쉬는 한마당.

켜켜히 올라 앉은
시루떡 마음
갈 곳 없는 종점.

〈2015.11.5. 보은 법주사에서.〉

고치는 마음

안양루 툇마루 꿈
귀띔 온 새봄
온 나라 비친 창.

범종각 춤추는 북
새벽잠 깨운
일체 중생 합장.

연잎위 늘어선 뜰
살핀 청기와
개심사 상왕산.

싹터져 띄운 풀섶
한닢 새촉에
영그는 마음들.

〈2017.3.25. 개심사에서.〉

옛 초병 방패

깃발은 날아가고
방패연 뜨면
울리는 풍악춤.

잔디밭 초가지붕
터진 풀피리
벌떼같은 화살.

호위군 호남좌영
옮겨논 어전
국태민안 근본.

여염집 목로 사발
튕긴 가야금
사람내음 골목.

〈2017.3.25. 해미읍성에서.〉

천년 미소

철불사 종소리에
숨은 파안(破顔)은
억겁을 이을 힘.

손끝의 천년 미소
백제 먼 할배
자비 흔든 적삼.

돌고 돈 복연대좌(覆蓮臺座)
안창속 부처
속탄 보살·거사.

불타는 부귀영화
벼랑 마애불
울고 불고 웃고.

〈2017.3.26. 서산 마애불에서.〉

구드래 나루

잔물결 오락가락
서동요 하늘
어른거린 선화

나루터 오동나무
삼복 너울춤
강바람 산바람.

황포 뜬 구드래 길
백제 나루터
의자왕 큰대문.

붓대롱 늘어선 뭍
배탄 흰옷들
눈앞 웅진차돌.

〈2018.7.20. 백마강 구드래 나루터에서.〉

구드래 탕관*

훈토시 글가르친
하양옷 두건
들락날락 물길.

백마강 차나락배
푸첸성(福建城)나라(奈良)
왔다리 갔다리.

곤룡포 신바람에
바쁜 뱃머리
챙겨온 황금꽃.

삿대든 황포돛대
구드래 탕관
지킨 백제 성왕.

〈2018.7.20. 백마강 구드래 선착장에서.〉

---

* 탕관 : 옛 사람들이 갓 속에 쓰던 모자.

궁남지 하늘

어제 본 연잎쟁반
구르던 하늘
띄우는 꽃편지.

창개굴 터줏대감
잠자리 안경
어리는 궁남지.

백마강 땀띠마른
부소성터에
걸터앉은 무왕(武王)*.

'자온대*' 점수염들
풍악 니나노
계백이 울었다.

〈2018.7.20. 부여 궁남지에서.〉

* 무왕(武王) : 백제30대왕(재위 600~641), 왕비는 선화공주, 의자왕의 父.
* 자온대(自溫臺) : 백마 강가 바위턱.정치를 잘하면 바위가 따뜻해 진다는 전설

황포 나루

용낚은 백마미끼
조룡대(釣龍臺) 바위
소정방 거드름.

고란초 어린 달빛
매달린 애수
낙화암 칼바위.

갈대춤 둔덕위에
걸린 낮달은
하늘가른 북춤.

백마강 황포돛대
일렁인 물살
달아난 옛하늘.

〈2018.7.20. 백마강 유람중.〉

마 곡 사

창·칼끝 종루각에
매달린 소원
불빛 찾는 마귀.

대웅전·대광보전
겹 처마위에
매달린 청하늘.

마곡사 도솔물길
마음 씻은 곳
넘나든 이·저승.

염천의 찌르레기
좋은 한 시절
칼 쥐고 창 쥐고.

〈2019.8.6. 마곡사에서.〉

장 곡 사

가득히 쌓인 적막
쌍 대웅전엔
풍경소리 훼방.

꽃무릇 잃은 잎새
언제 만나랴
지키는 고요를.

범종각 뽐낸 자태
시기한 목탁
장곡사 놀이터.

억겁을 엮었어도
보이지 않는
이승 극락세계.

〈2019.8.6. 칠갑산 장곡사에서.〉

고 란 사

고란사 찌르레기
시샘 말매미
바쁜 8월더위.

음습한 녹음길은
솔가지 천지
하늘의 가림막.

낙화암 흰 백성들
서린 망국한
울고 우는 천년.

죽창은 사라지고
노래 천년향
다시 헤는 억겁.

〈2019.8.19. 고란사가는길.〉

제 4 부
영남 편

남명 고을
화랑의 빛
평 사 리
화 계 골
월난정사(月蘭精舍)
명 적 암
독도 파랑
독도 유감
저 동 항
성 인 봉·1
성 인 봉·2
울 릉 도
누운 돌기둥
배산임수(背山臨水)
고성(固城)하늘
옥 천 사(玉泉寺)
익룡나라
불덩이 의병
보 문 호
셔블 아리랑
화랑 불심(花郞 佛心)
만 취 당
사촌(沙村)마을
내앞마을
무섬 마을
임 청 각(臨淸閣)
청 암 정(淸巖亭)
솔다리 섶다리
수승대 물소리
용암 몽돌

남명 고을

상사화 보듯 만난
지리산자락
남명 조식 선생.

산청골 덕천서원
냇가에 모인
오늘의 후학들.

이 퇴계 동갑내기
갑론에 을박
빛 보는 문집들.

복숭아 살구 매화
향기 풍기는
청청 푸른 개울.

〈2015.8.21. 지리산 산청에서.〉

화랑의 빛

ＡＢＣ 天地玄黄(천지현황)
あいうえお(아이우에오)
끌고 가는 한글.

신나는 가갸거겨
토해준 마음
용상(龍床) 세종대왕.

목터진 애국가가
걷어낼 철창
새로 열 푸른길.

화랑얼
'세계한글 작가대회'라
양탄자 출발점.

〈2015.9.15. 경주에서.〉

평 사 리

지리산 굽은 등선
해 뜨는 아침
뽐내는 양반골.

박경리 '토지'속엔
핫바지 적삼
터지는 알곡들.

선머슴 호작질에
떠난 몽실이
다 익은 차 나락.

서희네 곳간마다
심술꾼 찾는
대봉감 앞가슴.

〈2015.10.11. 평사리에서.〉

화계골

비탈꿈 둔치위에
청이슬 찻닢
지리산 샛바람.

섬진강 잔 물결밑
영그는 제첩
오가는 식도락.

쌍계사 벚길 개골
궁글린 바위
헤아리는 천년.

쌍매화 뜨는 비탈
살구 향 물고
오르는 안개춤.

〈2015.10.11. 화계사에서.〉

월난정사(月蘭精舍)*

하늘텬(天) 도산서원
낙동강 따디(地)
섬촌들 앞기슭.

늘어진 흰옷고름
땋은 머리칼
대가집 도련님.

임금님 알현하던
대꼬챙 선비
내친 사모관대.

살려낸 체험마을
선조님 지혜
컴퓨터 대갈통.

〈2016.4.30. 도운회 만취당학술 발표장에서.〉

---

* 월난정사 : 안동 도산서원 경내에 있는 퇴계제자인 만취당(김사원)
  의 정자.

명적암

황악산 아도화상
최법매* 암자
내다본 새 세상.

뜨는 해 문안인사
숨고른 염불
비추는 명적암.

쉬어간 한 담배참
이승의 번뇌
천계 상계 우주.

화엄경 손짓하는
휘감긴 불심
하늘로 오른다.

〈2016.7.3. 직지사 명적암에서.〉

---

* 최법매: 직지사 명적암 주지.

독도 파랑

예술품 지구 걸작
물개놀이터
금수강산 첨병.

전해준 이끼양식
심은 아리랑
하양 바지적삼.

지켜온 4백만년
동해 파수꾼
독도항 물소리.

숨 이은 바다제비
갈매기들 집
해뜨는 코리아.

〈2016.7.6. 독도에서.〉

독도 유감

초가집 울릉삿갓
먼 하늘 젓는
뜬 배 너른 물결.

외톨이 노략질에
성난 물이랑
넘고 넘은 땡깡.

떼쓰는 동문서답
소꿉아이는
버릇없는 외눈.

못 잊는 하늘가에
비친 떼거지
알고 있는 동해.

〈2016.7.6. 독도에서.〉

저 동 항

사라진 후박나무
둑방 새얼굴
저동항 방파제.

별빛 단 촛대바위
걸어논 날개
한바다 지킨 님.

배(腹)갈린 물오징어
사라진 뒷숲
일주도로 벼랑.

고함친 수초바위
천길 푸른 물
손흔든 갈매기.

〈2016.7.6. 저동항에서.〉

성인봉·1

꼬불길 해발5백
부지깽 나물
너와집 천궁 씨.

애타는 촛대바위
매달린 하늘
떠나는 쾌속선.

뒤집힌 2백만년
우산국 바다
오징어들 친구.

통구미 거북바위
불타던 억겁
헤는 창파 용암

〈2016.7.8. 울릉도에서.〉

성인봉·2

옥수수 벼랑끝에
메달린 폭포
삼키던 불덩이.

남양리 국수바위
주상절리는
바위사자 친구.

우산국 버섯바위
현포리 고분
꿈틀거린 이빨.

몽돌 빛 바다안개
돌산 아우성
얼금벌금 파도.

〈2016.7.8. 울릉도에서.〉

울 릉 도

햇볕 본 4백만년
독도 어머니
하늘오른 용암.

풍랑속 몸매자랑
6십일 독도
1백일 울릉도.

대문앞 땅덩어리
코흘린 생떼
일곱살 물갈퀴.

크루즈 고동소리
깨우는 아낙
황금빛 동해물.

〈2016.7.8. 울릉도에서.〉

누운 돌기둥

해당화 붉은 고향
읍천 바닷가
주상절리 육각.

영덕게 흔들 다리
선술집에선
초치고 회치고.

지키는 문무대왕
새 땅 곳간들
퍼올린 전깃불.

골라낸 하양바람
밝혀준 반도
지구별 이끈 불.

〈2017.5.12. 경주 방폐장 바닷가에서.〉

배산임수(背山臨水)

    형산강 수놓는 물
    적신 안강 녘
    공자왈 이언적.

    맹자왈 양동 손가(孫家)
    저녁놀 동산
    그리는 한양땅.

    찔레꽃 배롱나무
    넝쿨 탱자낡
    가르친 참을 인(忍).

    달구지 횃대 오른
    동녘 사립문
    별지킨 가릿대.

〈2017.5.12. 경주 양동마을에서.〉

고성(固城)하늘

소가야 닦은 산성
비탈길에는
천둥 공룡 포효.

흔들린 화물칸은
핫바지 장터
이역 땅 북간도.

김석규(金錫圭)* '이민열차'*
앗아간 단꿈
님향한 남일대.

하모회 뱃전따라
느림보 구름
바다를 삼킨다.

〈2017.5.13. 경남 고성에서.〉

---

* 김석규(金錫圭) : 시인. 29세요절. 부인 김을숙은 청상 과부로 외아들 김청을 키운 열녀.
* 이민열차 : 김석규의 詩 제목. 고향 마을어귀에 시비가 있다.

옥 천 사(玉泉寺)

옥천사 추녀 끝에
덩그런 나래
청솔찌른 하늘.

구름탄 석가모니
보장각 나한
연화산 무우당(無優堂).

날아온 구채구*에
피어난 연잎
청담 새중고도*.

천왕문 황소눈알
저승사자는
정토·보시·극락.

〈2017.5.13. 경남 고성 옥천사에서.〉
2018 한국문예.

---

* 구채구:중국의 풍경지구 한 곳.
* 새중고도:청담스님이 그린 그림.

익룡나라

2억년 끓인 바다
숨참던 진흙
다시 열린 하늘.

뜯겨진 등살점에
매달린 이빨
덜거덩 설거덩.

어리는 진눈깨비
한겹 1만년
꽂혀진 상족암.

쉬는 숨 솔향날아
덮힌 전리층
새론 남해 바다.

〈2017.5.14. 고성 공룡 발자국 해안에서.〉

불덩이 의병

한 시대 물머리에
걸린 의협심
불덩이 의병들.

죽창 든 붉은 하늘
꽃피운 불씨
무명옷 사람들.

이어갈 천추만대
맑은 숨소리
아무는 상처들.

쏟은 피 천둥 울려
지킨 내 나라
오늘의 무궁꽃.

〈2017.6.1. 청송 의병기념관에서.〉

보 문 호

탑 올린 하늘가에
천년 석굴암
뽑아 올린 정수.

말발굽 스친 벌판
자란 인동초
하양 저고리들.

집현전 문열던 날
함께 온 한글
새로 만든 태극.

동해에 해 뜬 미소
아우른 삼한
이끌어 갈 지구.

〈2017.9.14. 국제PEN한국본부
제3회 세계 한글작가대회장 보문호에서.〉

셔블 아리랑

안압지 첨성대에
걸린 밤하늘
화랑도 호국별.

불국사 아쟁소리
달뜨는 염불
새바람 동방향.

분황사 여황도포
불꽃 튄 사랑
한덩어리 반도.

해신된 문무대왕
닦은 반월성
천천세 만만세.

〈2017.9.15. 경주 황룡사에서.〉

화랑 불심(花郎 佛心)

서라벌 어린 정기
원효 머리맡
횃대치는 황룡.

분황사 호국 절터
입다문 전탑(塼塔)
잘려진 정수리.

나뒹군 부처 목은
남산
민초들,
쌀짐진 반월성.

안강들 차나락꽃
이은 민족혼
흰옷입은 나라.

〈2017.9.15. 분황사에서.〉

만 취 당

만년송* 사촌바람
하늘턴 따디
고래등 골기와.

6십년 타향살이
선조들 발복
축원 이산 저산.

새 물결 기차바위
지켜온 기천*
옛동자 새어른.

지구촌 변화무상
빌려 새기어
이어갈 새나라.

〈2017.10.5. 고향 사촌에서.〉
2020 '義城文學'.

---

* 만년송 : 경북 의성 사촌 국보 만취당 앞 향나무.
* 기천(沂川) : 사촌 앞 시내.

사촌(沙村)마을

기령천 고속도로
손저은 앞산
치켜든 골기와.

한강물 천리길에
못 잊을 날들
엮어진 한 갑자.

뼈 묻고 마음심을
가로숲 한 녘
챙길 남은 바램.

꽃잎 된 사촌마을
춤추는 흰 밤
달뜬 정자나무.

〈2017.10.14. 토지문학 기행 중 고향 사촌 생각에.〉
2020 '義城文學'.

내앞마을

하늘천 퇴계선생
학봉 김성일
의성김문 종가.

대물린 골기와 집
옷매무시는
안동골 의성 金.

축지법 조선선비
만주 김동삼
동북항일연군.

골기와 골짜기의
빛과 그림자
대꼬바리* 향기.

〈2018.2.16. 안동 내앞마을에서.〉

---

* 대꼬바리 : 담뱃대.

무섬 마을*

물돌이 짚불놀이
흐르는 천방
모래펄 낙동강

터잡은 김가 박가
청소깝 다리
해우당* 만죽재*.

담넘은 공자맹자
어흠 사대부
재촉 가을걷이.

사라진 영재노래
봄바람 시샘
목타는 천자문.

⟨2018.2.16. 영주 무섬마을에서.⟩

* 무섬마을:경북 영주군수면 수도리. 안동의 하회마을, 예천 회룡포, 영월 선암마을, 청령포처럼 마을의 3면이 물로 둘러 쌓여 있는 대표적인 물돌이 마을
* 해우당:김낙풍(19세기 말 의금부 도사)의 집으로 호를 붙임
* 만죽재:반남박씨 입향조 박수가 1666년(현종7년)에 지음.

임 청 각(臨淸閣)*

고래등 헤친 새우(倭寇)
토막 낸 기혈(氣血)
고성이(李) 사대부.

바꿔준 9십9칸
간도 초막집
오매불망 광복.

신흥땅 구령소리
태극 앞가슴
국무령 이상룡*.

돌아와 멎은 숨결
춤추는 내 흙
천만세 만만세.

〈2018.2.16. 안동 임청각에서.〉

---

* 임청각:조선 세종 때 영의정 이원의 6子 영산현감 이증이 안동 입향조가 된후 그의 3子로 1515년(중종) 형조좌랑 이명(李洺)이 지은 별당형 정자. 보물 1982호로 현존하는 살림집 중 가장 큰 규모.
* 이상룡:초대 국무령. 임청각을 팔아 대소가를 이끌고 간도로 이주하여 신흥 무관학교를 짓는 등 독립운동을 지휘함.

청 암 정(淸巖亭)*

돌 거북 학(鶴)춤 속엔
충절의 기개
뚫어진 하늘 산.

까마귀 찬 볼 위에
엉킨 칡넝쿨
앙상한 고목 향.

알 품은 닭실마을
기다린 천년
봉황새 나는(飛) 골.

꾀 채운 푸른 강산
붓 대롱 선비
고쳐 매는 갓끈.

〈2018.2.16. 봉화 닭실마을에서.〉

---

* 청암정 : 경북 봉화읍 酉谷里(닭실마을)에 있는 권벌(1478~1548)의 정자. 충정공 충재 권벌은 중종2년(1507)에 문과에 급제, 우찬성까지 올랐다. 선조 때 영의정에 추증함.

솔다리 섭다리

부용대 솔다리에
걸린 참매미
찌르레기 친구.

처마 밑 알 깐 제비
풀벌레 합창
흐르는 오색강.

충효당 걸린 액자
선혈의 함성
국태민안 염송(念誦).

물굽이 하회마을
구국충절 별
아우른 새시대.

〈2019.7.16. 하회 부용대에서〉

수승대 물소리

영혼된 선비행렬
맴도는 정자
수승대 물소리.

바람이 실어온 듯
퇴계 보선발
모른 듯 아는 듯.

愼선생 잡은 터에
우뚝선 정자
몰린 시인 묵객.

끌고 온 도포자락
어지러운 날
새 갓끈 새 단장.

〈2019.8.14. 거창 수승대에서.〉

용암 몽돌

차르르 추봉 몽돌
일렁인 물결
노래하는 달빛

바닷가 울비린내
하늘을 날고
바람은 소슬해.

억겁을 약속하는
별빛을 담아
푸른 8월 하늘.

밤파도 때린 바위
흐름을 재촉
작열시킬 태양.

〈2019.8.15. 한산도 추봉 용암몽돌 해수욕장에서.〉

제 5 부
호남 편

소 록 도
불 갑 사
도초도 흰파랑
모항(茅項) 해나루
남도 석성(石城)
완도(莞島) 물길
미황사 목청(木鯖)
군산항 나락 배
광한루 하늘
탐진강 군마
도솔천 가지바람
광한루 별빛
오산(鼇山) 사성암
선암사 큰북
마량항 갈매기
청산도 초분(草墳)
馬 耳
8월에 진 꽃

소 록 도

녹동항 바라보던
소록도 아낙
허기진 마음들.

바지락 들것 위엔
거문도 새 꿈
박치기 왕
김 일.

봉래산 하늘 나는
나로도 의기(義氣)
더 높이 더 불끈.

반도 끝 울린 큰북
퍼지는 우주
걸터앉은 대한.

〈2015.4.25. 소록도에서.〉

불 갑 사

불갑사 대웅전에
홰치는 장끼
알리는 서역땅.

동지나 거스른 빛
데려 온 영광(靈光)
하늘건넌 몸값.

삼복춤 꽹과리에
실린 비지땀
매운 탕 증기 탕.

상사화 속타는 춤
별과달 친구.
따논 당상
극락.

〈2015.8.4. 영광 불갑사(佛甲寺)에서.〉

도초도 흰파랑

금정산 탄(乘)반월대
바람막 할배
도초도 흰파랑.

비금도 백사장엔
허풍선(虛風扇) 초로(初老)
지새우는 별밤.

무역선 소금배에
실려온 추위
섬마을 시금치.

8십년 시집살이
일백 수 할멈
바라본 흑산도.

〈2015.8.5. 전남 신안 도초도에서.〉

모항(茅項) 해나루

노을은 범선타고
강을 건너다,
숨멈춘 회오리.

벼랑 된 사구 넘어
늘어선 이승
새연기 피는 혼.

별 총총 휘어잡은
밤 돛대 소리
키우는 하양꿈.

실려온 검은 불빛
덮은 하늘가
펼치는 양탄자

〈2016.2.19. 부안 모항(茅項)에서.〉

남도 석성(石城)

팽목항 남도석성(石城)
남장* 안마을
울금달인 골목.

울둘목 검은 모래
전복굽는 별
넘나드는 파랑.

이어도 솟아오른
숱한 소설들
성황당 씻김굿.

흰꼬리 숨바꼭질
성게 거품은
물등성 헤치다.

〈2016.2.19. 珍島 남도석성에서.〉

---

* 남장 : 조정에서 피견한 성지기 관리.

완도(莞島) 물길

물등성 해녀거품
나는 꼬리연
창파는 푸르다.

오가는 신지·고금
약산 마량 길
춤추는 새다리.

가로등 바다안개
참아낸 하품
덩덜구·쫌팽이*.

드나든 흰돛단배
엽전 긁어댄
장보고 청해진.

〈2016.2.20. 완도에서.〉

---

* 덩덜구·쫌팽이 : 바닷고기(우럭, 쏨팽이) 등을 일컷는 사투리.

미황사 목청(木蜻)

메달린 보금자리
떨친 송진향
대롱거린 하늘.

새파람 날다람쥐
가지끝 염불
땡삐들의 합창.

별헤던 불 여왕님
잠꼬대 침소
꼬박잠 문지기.

흐르는 은하따라
눈빛새긴 꿈
무라 無라 무라.

〈2016.2.20. 해남 달마산 美黃寺에서.〉

군산항 나락 배

빈배에 걸린 삿대
코고는 낮잠
군산항 흰파도.

튕기던 주판알엔
홑적삼 바지
상투튼 땀방울.

게다짝 널부러진
근대역사관
조선끝 한자락.

불꺼진 장항 굴뚝
하구언 넘어
출렁인 새만금.

〈2017.4.12. 군산 근대역사박물관에서.〉

광한루 하늘

윷놀이 새봄깨운
남원골 향기
솔바람 대나무.

성몽룡 월셋방에
금붕어 춘향
익어가는 하늘.

오작교 돌다리길
걸린 무지개
훔친 방자·향단.

완월정 물레방아
그네·홍시길
득시글 벅시글.

〈2017.10.14. 광한루에서.〉

탐진강 군마

한라산 배탄 목동
물오른 풀밭
마량·보성·탐진.

뛰놀던 탐라고삐
멀미 망아지
잠재운 천관산.

한양행 오름* 말들
월출산 비탈
힘올린 제발길.

경복궁 태평성대
살찐 백마장
그리는 백록담.

〈2017.10.29. 한양행 제주말 쉬어가던 탐진강가에서.〉

---

* 오름 : 제주도의 작은 화산들.

도솔천 가지바람

도솔천 가지끝에
매달린 염주
동백봄 꽃시샘.

송악닢 나는(飛) 하늘
벼랑 턱에는
유주매단 은행.

꽃 무릇 혼자 푸른
고목 틈새엔
숨바꼭질 햇빛.

오가는 바람 끝에
어리는 한기
비웃는 산수유.

〈2018.3.17. 춘추회 봄기행 선운사에서.〉

광한루 별빛

성몽룡 이춘향이
부른 노래는
얼시구 절시구.

오작교 밤하늘엔
총총한 별빛
홍안의 푸른 맘.

방자는 뒷짐지고
애태운 향단
남원골 추어탕.

광한루 굿거리패
북·장구·매구*
시절은 호시절.

〈2019.8.6. 광한루 야경에.〉

---

* 매구: 꽹과리의 경상도 방언

오산(鰲山) 사성암

섬진강 담쟁이들
받혀주는 덤
지킨 유리광전(琉璃光殿).

사성암 짊어지던
오십삼불전
오르는 해탈 원(願).

발닿은
원효(元曉)·도선(道詵)
진각(眞覺)·혜심(慧諶)
장삼 자락은
이·저승 매단 불(佛).

하늘은 길어지고
땅을 데워도
간데없는 자취.

〈2019.8.7. 구례사성암에서.〉

선암사 큰북

터덕 텅 울린 가죽
스님북채는
함께건 이·저승.

제각각 연봉오리
물속 세상은
금붕어 놀이터.

철따라 보내온 꽃
부처님 원력
구름탄 골짜기.

목어의 배 울음에
덩달은 종루
천지 가득 복음.

〈2019.8.8. 선암사 저녁 큰북울릴제.〉

마량항 갈매기

포물선 아침 문안
통통배 선장
밤새운 불빛들.

기다린 등대위엔
아침 갈매기
노려보는 뱃전.

늘어선 방파제는
산맥 이루고
지키는 어민 맘.

아낙은 뱃전에서
물을 긷는다,
어제같은 오늘.

〈2019.8.9. 마량항에서.〉

청산도 초분(草墳)*

풀잎에 덥힌 식솔
기다린 뱃꾼
청산도 아라리.

맴도는 혼령들은
하늘 못잊고
해뜨는 새날들.

달님은 오매불망
편지를 쓰네,
길잃은 조각배.

덤불 속 하양 신령
연등을 밝혀
빌고 또 비는 맘.

〈2019.8.9. 청산도 초장(草葬)터에서.〉

---

* 초분(草墳) : 청산도 장례풍습, 짚으로 봉분을 만들어 관을 넣어 두는 장례.

馬 耳

동풍에 마이런가
흘러간 노래
어설픈 나그네.

배부른 반도남녘
제각각 짱돌
하나의 유람선.

태양이 오른
뜨거운 봄볕
한기속 밤바람.

모르고 살아가는
이하늘 뜬눈
지구촌 행렬들.

〈2019.3.29. 마이산 탑사에서.〉

8월에 진 꽃

춘3월 갈아 필까
8월에 진 꽃
살 애는 핫바지.

갈댓닢 말라버린
천제연 폭포
파랑의 남녘땅.

청산도 어귀에서
바라본 초장(草葬)*
밤새운 고깃배.

흐르는 구름속에
그려 논 하늘
바쁜길 노을빛.

〈2019.12.6. 7旬 새벽.〉

---

* 초장(草葬): 청산도의 옛 장례방법.

제 6 부
잡록 편

봄 날
하늘 찾는 날
연 기(煙氣)
하 늘
내땅 네하늘
제 삿 밥
깊은밤 꿈노래
외 목 청
은발 수하(樹下)
꿈 같은 날
길 갓 집
바다에 길이 나면
억지 춘향
분홍 안개 꿈
남녘 생각
잃어버린 공포
외줄 쌍줄
말 매 미

봄 날

주저리 아카시아
새봄을 꿰고
모으는 꿀벌들.

골목엔 풀잎 품바
하모니카 춤
희롱하는 귀·코.

산 절로 물도 절로
찾아온 훈풍
하늘을 채웠다,

물채운 첫모내기
가느다란 촉
낫꼴 베는 5월.

⟨2015.5.15. 봄날.⟩

하늘 찾는 날

하늘로 날아갈까
밟은 허공엔
디딜 곳 흰구름.

달뜨는 언덕에나
찾아볼 것을
마음 걸어 둘 곳.

쑥 캐고 냉이 꽃핀
땅 버들 밭엔
늙은 능금나무.

할배들 활터에는
전봇대 손님
'오이 오나카나,
가이 가나카나'.

〈2015.11.19. 고모 진료날 역삼동에서.〉

연 기(煙氣)

오르는 그림연기
바쁜 향내는
시간 두고 난다.

잊은 것,
두고 간 것
쓸모 남으면
하던 대로 하랴.

영닢에 꽃물올라
못 지운 인연
소쩍새라 하랴.

남은 끈 골라 잇고
널부러지면
웃음으로 살랴.

〈2016.1.1. 새해 맞으며.〉

하늘

하늘 위 목청·석청
실버들 벼랑
찰나의 숨소리.

메뚜기 더부살이
홍글래* 등짐
문안 온 뇌졸증.

만신창 5척 단구
가시 넝쿨엔
검붉어진 핏기.

이·저승 오락가락
패인 밭고랑
손짓하는 사자.

〈2016.3.14. 아침단상.〉

---

* 홍글래 : 방아개비의 방언. 때 메뚜기를 업고 다님.

내땅 네하늘

한 땅 된 그림자 뒤
뿌려 놓은 별.
숨 거두는 허공.

안과 밖 엉킨 은하
로봇 비행기
뭉텅거린 내 것.

하늘 쥔 알파고는
공중에 걸린
부처님 예수님.

짚을 땅 날고 기는
독수리나래
인간의 걸작품.

〈2016.3.17. 아침단상.〉

제삿밥

제삿밥 첫닭소리
돔베기 한 점
한밤중 담배 참.

샛별 뜬 동고사(洞告祀)날
시린 동장군
내동댕 서릿발.

씨감자 고구마싹
바람든 마개
털린 무우구덕.

기다린 동네잔치
가슴속 포식
땅땅 친 담뱃대.

〈2016.4.2. 단상.〉

깊은밤 꿈노래

이 노래 저 궁리로
기다린 햇살
스쳐 지나간 봄.

천세에 걸린 정이
닿은 곳간엔
어지러운 마음.

숨죽여 타는 가슴
헤아려 보니
푸른빛 용광로.

반석 위 하얀 달걀
안창 살 보물
하늘 같은 인내.

〈2016.7.24.〉

외 목 청

콧구멍 뚫린 포도(鋪道)
어제녘 일들
때빼고 광내고.

목타던 대지위에
숨쉬는 희열
춤추는 떡갈잎.

튄 못(池)둑 뱉어낸 물
왜(倭)기름 치정(治政)
풀잎도 마음도.

외목청 사탕맛에
내어준 칼자루
외다리 어미맘.

〈2017.7.11. 춤추는 물 관리 정책을 보며.〉

은발 수하(樹下)*

꼬부랑 긴 대설대
박달 다듬이
선원면 신정리.

흐르는 하양합주
테잌파이브(TakeFive)*
가야금·북·장구.

아우른 반도자취
말없는 향연
뜬무지개
수하.

오솔길 로타리안
젊은 부싯돌
숨은빛 너른꿈.

〈2017.10.20. 강화 수하민예박물관에서.〉

---

* 樹下 : 朴秀夫 先輩 號.
* 테잌파이브(TakeFive) : 음악의 한 장르. 째즈.

꿈 같은 날
- 친손주를 얻은 기쁨

새털은 날아가고
하늘 가득히
어어가는 새날.

애간장 여울속에 삭힌 기다림
만세부른 온몸.

새 생명 아쉰 기쁨
반가운 축복
이름찾은 애비.

긴 여정 꿈속에서 흐르던 핏줄
할배 마음잔치.

〈2017.10.26. 첫 손녀 탄생일에.〉

길 갓 집

오가는 훈수모아
세워논 장대
어긋난 공작물.

켜켜이 옥죄이는
문서들 틈에
죄인된 발버둥.

가슴속 치단 미련
풀기 떨어져
놓아버린 오기.

타던 맘 쉬던 숨결
멈춰질 하늘
이제나 저제나.

〈2017.11.21. 새벽 별 보며.〉

바다에 길이 나면

외면한 뒤안길에
벗은 안창 살
해방되는 그날.

바다에 길이 나면
달리리 그길
억겁 번뇌 헤쳐.

지나온 억새길을
구름 속 날려
맑은 하늘 보리.

한 가슴 소리없이
부대낀 마당
아우성 아우성.

〈2018.10.2. 가을 새벽.〉

억지 춘향

절규만 혼자 걸린
마른 하늘 속
허우적 삐그덕.

피 타는 저주 속에
달궈진 증오
단도로 날리다.

발버둥 끝나는 날
쉬는 아우성
멈춰질 숨소리.

갚으리 백치(白痴)되어
신선 못된 날
내탓 내탓 내탓.

〈2018.10.2. 첫 가을 새벽.〉

분홍 안개 꿈

흐르는 하늘 둘레
숨은 별들은
검은 틈 하양 틈.

빛나는 꽃나무엔
가득 땀방울
내일의 열매들.

가슴속 맴돈 정성
함께 헤는 맘
꿈속의 나날들.

애틋이 피어나는
분홍 안개 꿈
엮을 새론 하루.

〈2018.11.18. 심야.〉

남녘 생각

한솥밥 나눠 먹고
같이 일하자
도망친 땀방울.

당상 위 얹힌 자유
테두리 없이
지켜야 하는 것.

꿈꾸던 아버지들
엮은 오늘엔
달아난 허기증.

배고픔 모른 아이
넘쳐나는 곳
한반도 남쪽 땅.

〈2019.2.23.〉

잃어버린 공포

이고 잔 버섯구름
앞뒤 없는 차
잃어버린 공포.

호랑이 사자 늑대
정글은 깊고
숨구멍 한줄기.

아까운 발버둥에
짓밟힌 민초
무거운 철갑 차.

어느 날 꼭두각시
제 팔 흔들며
살아갈 날 올까.

〈2019.2.28. 깨어진 회담 생각 중.〉

외줄 쌍줄

흔들린 외줄 쌍줄
저무는 곡예
보이지 않는 길.

총구 앞 억지살림
사다리 타다
애꿎은 죽음들.

이·저쪽 사면초가
두들긴 권좌
엉켜버린 자유.

칠십 년 앓던 이빨
허물어질 날
하늘 땅 환호성.

〈2019.3.20. 북녘하늘 보며.〉

말매미

말매미 가른 더위
가로수 밑엔
나뒹군 퀵 보드.

꽃잎 진 장미넝쿨
눈 비비는데
해바라기 인사.

짙푸른 은행나무
매달린 구슬
찬바람 기다려.

텅 빈 땅 도회거리
적막 속에는
어설픈 구호만.

〈2019.8.3. 출근길.〉

평 설

신기록 세운 민조 기행시의 향연
– 김운중의 제6시집 『셔블 아리랑』을 읽고

이 명 재
문학평론가·중앙대 인문대학 명예교수

평설자는 문학평론가로 등단한 45년 동안 거의 전 장르를 비평하거나 평설해 왔으나 민조 시집을 대상으로 다루기는 이번이 처음이다. 그러기에 적지 않은 부담이 따르더라도 지금까지 국내외 기행 시집 출간으로서는 기록적인 김운중(金運中) 시인의 작품들을 통해서 여러분과 만나기로 했다. 무엇보다 스스로 열심히 노력해온 김 시인의 생활 자세에 공감하고 이번에 펴내는 두 권의 시집 출간을 축하해서이다. 사실 평설자와 김운중 시인은 십수 년 넘게 여러 문학 행사에 자주 참여하고 여행했다. 특히 2017년 초여름에 문인 일행과 북유럽 일대를 탐방했던 일은 기억에 생생하다.

새로운 기록자와의 만남에서

이 평설을 위해 김운중 시인의 작품을 독자들과 음미, 탐독하는 과정에서 얻은 보람도 적지 않았다. 덕분에 대선 공방과 동계 올림픽 분위기로 어수선한 달포 동안을 필자는 유익하게 보냈다. 우선 생소했던 민조시(民調詩)를 이해하게 되었고 시인이 펴낸 시집 다섯 권을 통독하며 김운중 시인의 작품 세계를 살필 수 있어서였다. 바야흐로 지구촌이 일일생활권인 글로벌시대에 30여 년 동안 김운중 시인 스스로 유네스코 서울협회 이사와 팔방교역 대표로서 세계 곳곳을 탐방하며 써낸 성과였다. 따라서 올해 출간하는 김 시인의 국내와 국외 대상의 두 권 민조 시집 가운데 필자는 국내 기행 시집인 제6시집 『셔블 아리랑』을 대상으로 여러분과 논의하기로 한다.

일찍이 1950년에 경북 의성군의 안동김씨 가문에서 여러 형제 중 장남으로 태어난 김운중 시인은 전통적인 생활관과 문화의식이 각별한 실사구시적인 엘리트이다. 소년 적에 가난한 농촌에서 상경하여 서울에서 고교를 마치고 대기업에 취업하여 고학으로 30대 초반에 대학(일어일문학), 대학원에서 경영학 석사학위를 취득한 후 팔방교역을 경영하며 시를 쓰는 문인이다. 특히 김 시인은 2006년에 민조시로 신인상에 당선한 후 활발한 창작활동으로 주목된다. 일문학 전공자로서 일본의 하이쿠(俳句) 취향에 걸맞은 데다 동향의 출신으로서 한국 민조시를 새로운 장르로 정립한 아산(我山)과도 비교된다. 따라서 여기서는 제한된 지면 속에 김운중의 역동적인 생활에서 우려낸 여러 작품에 드러난 문학세계를 개괄해 본다.

체험적인 민조시 기행 실적

지금까지 여러 권 펴낸 김운중 시인의 기행 민조시 창작집(紀

行民調詩創作集)은 책자마다 100여 편의 기행 작품들로 엮어져 있다. 등단 이듬해에 상재한 첫 시집 『地球行』, 2007에는 국내와 국외의 탐방 시를 섞어서 실었다. 그리고 제2시집 『아리랑 땅』 2009에는 국내의 기행 시, 제3시집 『천산을 날면서』 2010에는 국외의 탐방 시만 수록했다. 이어서 제4시집 『스리랑 땅』 2016에는 국내 기행 시만, 이와 같은 해에 낸 제5시집 『雲海 9만리』에는 국외(동양) 편만 수록했다. 그리고 이번의 제6시집 『셔블 아리랑』, 2022에 발표한 국내 시 115편에 이어 펴낼 제7시집은 국외 편으로 조화를 이룬다. 등단 이후 15년 사이에 출간한 위 기행 민조시집들은 국내외 혼합편 1권을 비롯해서 국내편과 국외편이 각 3권씩으로써 균형을 보인다. 그러므로 국내는 물론 전 세계를 다룬 기행시로서는 김운중 시인이 선구자이다.

이렇게 김운중 시인은 늦깎이답지 않게 여느 시인보다 다양하고 폭 너른 기행 민조시로서 두드러진 특장점을 지니고 있다. 소재나 제재적인 면에서 김 시인의 작품들은 남달리 다양한 면을 추구하고 있어 주목된다. 특히 역사와 지리, 기후, 인종, 언어, 풍속이 상이한 동서양 각국을 섭렵하며 대비시킨다. 국내외를 열어두고 같은 공간에서 일어난 역사적인 과거 시간과 현재의 교차나 대비를 통해서 판을 키우지만 그 해결이나 수용의 폭은 독자들에게 맡겨 둔다.

더 새로운 국토 순례

전체의 대상 작품 가운데 편의상 20여 편을 샘플로 삼아서 게재 순서대로 감상, 논의해본다. 먼저 경기 서울 편으로부터 테마가 있는 순례를 시작한다. 이를테면, 이 시집으로 각 지방의 명

승지와 특산물을 담은 작품의 전시장을 산책하는 것이다.

연등 든 초록바람/ 쌍버들 새촉/ 어이 알까 제철./
언발치 뛰어올라/ 내 뿜는 첫 숨/ 속없는 대(竹)마디./
연미정(燕尾亭) 황영 장군/ 제비 꼬리 땅/ 숨 멈춘 고려기(旗)./
엎드린 인조(仁祖) 눈물/ 누루하치 꿈/ 얼룩진 강화섬./
- 「강화바람」 전문.

이 작품은 여느 지방과 달리 한겨레의 역사와 지역 특산물에 다 빼어난 풍광의 삼박자를 지닌 강화도에 대한 기행 민조시이다. 주목되는 바는 3-4-5-6 음절에 따른 짧은 민조시 1편씩을 일반시의 연으로 삼아서 기-승-전-결 형태로 활용했다는 점이다. 초록빛 새봄을 맞이하여 나들이를 나선 전반의 계절감에 이어서 후반의 유서 깊은 민족사와 인물들이 가미된 서사가 중량감을 드러낸다. 특히 월곶리 돈대가 높은 곳에 남한강과 한강이 합쳐진 제비 꼬리 모양의 연미정(燕尾亭)이 일품이다. 강화도 8경으로 일컫는 이 정자는 1510년 삼포왜란 때 전공을 세운 황형 장군에게 임금이 하사한 땅인데 정묘호란 때이던 1627년에는 후금(後金)과 굴욕적인 형제국 조약도 맺었던 곳이기도 하다. 그뿐만 아니라 마무리 연에서는 1636년에 청나라를 건국한 누루하치가 군사를 몰고 들어와서 강화도에 피신한 두 왕자와 함께 인조의 항복을 받아 치욕을 준 역사의 현장임을 되새긴다.

이어진 작품에서는 고려 때 몽골 사신들을 예성강에서 배에 태워 개경으로 영접하면 개성에서는 그 오랑캐 나라에 항거하던 기세가 높았던 호국 의식부터 불러일으킨다. 역시 일반 서정시와 달리 역사적인 서사는 네 개의 민조시를 연결한 형태이다.

돛단배 가교 실은/ 예성강 포구/ 애끓는 개경궁./
고려궁 고종황제/ 옮긴 송악산/ 항몽 큰북소리./
불란서 총잡이들/ 후린 강화도/ 활휜 궁터초병./
회나무 외규장각/ 끌려간 의궤(儀軌)/ 흰옷 가린 눈물./
- 「예성강 돛단배」 전문.

그리고 그 후반부에서는 대원군의 쇄국정책으로 인해서 프랑스 신부들을 처형했단 빌미로 신미양요를 일으킨 나머지 1866년 가을 서너 달을 강화도에 침범해온 프랑스 해군의 폐해를 고발한다. 당시 두 차례에 걸쳐서 10척의 군함을 앞세워 갑곶돈대로 상륙한 점령군들은 조정의 강화행궁을 불사르고 거기에 소장된 주요 의궤 등, 많은 외규장각 도서를 침탈해 갔던 것이다. 시 작품으로서는 두드러지게 민족적인 역사 수난과 문화 의식을 고취한 내용이다.

그런가 하면, 서울 편에서는 옛 조선 초기부터 이름 지어진 우리나라의 최고 교육기관으로서 요즘의 대학인 '성균관'을 이야기한다. 현존하는 대학의 캠퍼스에 자리하고 있는 은행나무들과 학파를 이루는 학설 담론의 풍속을 일컫는다.

6백년 은행나무/ 학동들 노래/ 동편제 서편제./
대성전 앞에 두고/ 지은 명륜당/ 동방의 배움터./
송은공(松隱公)/ 할아버지/ 내친 붓 대롱/ 비껴간 싸움터./
오기로 얽힌 세상/ 제 살점 찾기/ 예나 지금이나./
- 「성균관 할배」 전문.

이 시편에서 '동편제 서편제'는 본디 판소리의 유파나 형식보다는 서로 여러 파벌을 만들어 다투고 토론함을 지칭한다. 특히 후반의 '松隱公'은 김운중 시인의 18대조 할아버지로서 예전이나 지금 할 것 없이 제 식구를 챙기는 연줄 위주 사회임을 풍자하고 있다고 풀이된다.

이어진 서울 편의 「경로석」은 여기에서 색다른 작품이라서 흥미롭다. 대체로 민조시는 여느 자유시와 대조적으로 자수율에 붙박이로 된 글 같지만 퍽 다채롭게 활용되고 있다. 서울의 지하철을 이용하는 승객 중에 경로석을 차지하고 있는 젊은이를 꾸짖는 장면을 묘사한 작품이다. 임신부라면서 버티는지라 오히려 중절모 쓴 노인이 더 좌불안석인 처지가 인상적이다.

강원 편 중에서는 옛 역사와 근년의 분단에 의한 전쟁의 도가니를 이루었던 동족상잔의 현장을 되새기고 있다. 신라 말기에 궁예가 고구려의 부흥을 표방하며 도읍지로 정했던 태봉땅이 철의 삼각지(금화-평강-철원)였음을 상기시킨다. 그러면서 1952년 10월에 전쟁 북새통의 회오리 속에서 휴전회담을 벌이는 사이에 피비린내 나는 백마고지 탈환전을 연상시킨다. 국군 9사단과 중공군이 10일 동안 12차례 공방전을 벌였던 곳,-지금은 피 묻은 채 폐허가 된 노동당사에 밀려든 관광객을 혼합시켜 입체적 접근을 보인다.

짙은 꿈 너른 녹음/ 펼친 태봉국(泰封國)/ 평강 아카시아./
지뢰탄 관광열차/ 철원역 기적/ 울린 백마고지./
피 묻은 노동당사/ 땅친 김일성/ 쇠사슬 대동강./
땀내난 동굴 속엔/ 찬바람 여름/ 녹슨 평양밤길./
 -「태봉(泰封) 땅에서」 전문.

그런가 하면, 후미진 선비고장이던 오죽헌의 강릉 땅을 시적 상상력으로 조선 중기의 빼어난 여류 시인인 허난설의 문학과 고속열차로 잇는 발상이 신선하다. 세계인의 체육제전인 2018년 2월의 평창 동계올림픽을 포스트모던 시 미학으로 대비시켜 눈길을 끈다. 옛 시인과 1994년 노르웨이 릴리함메르 동계올림픽과 연결시킨 시공간의 비대칭적 접근이 참신하게 다가온다.

오죽헌 검은 대순/ 허난설헌 땅/ 새노래 새마음./
꿈속의 고속열차/ 동해 물이랑/ 한달음 대관령./
썰매탄 흰호랑이/ 지구촌 아이/ 평창길 눈밭길./
경포대 하늘 후린/ 마음의 술잔/ 별 녹인 하늘 땅./
- 「허난설헌(許蘭雪軒) 땅」 전문.

충청-호서편에서는 살벌한 요즘의 현대인 생활에다 불교적인 상상력으로 옛 문화를 접맥시켜서 새롭다. 김 시인의 여타 작품에 비해서 한결 내면적이고 은은하며 단백한 고전미를 느끼게 한다.

칠불사 종소리에/ 숨은 파안(破顔)은/ 억겁을 이을 힘./
손끝의 천년 미소/ 백제 먼 할배/ 자비 흔든 적삼./
돌고 돈 복연대좌(覆蓮臺座)/ 안창속의 불/ 속탄 보살 거사/
불타는 부귀영화/ 벼랑 마애불/ 울고불고 웃고./
- 「천년 미소」 전문.

또 「구드래 탕관」에서는 예전엔 왕인박사를 비롯한 백제인들이 일본과 중국을 오가며 교육하고 무역도 했음을 상기시킨다. 야만인 옷차림인 일인들에게 한문을 가르치느라고 하얀 두건을 두른 조선 선비들이 현해탄을 넘나들었다. 백제 쌀을 옛 돛단배에 싣고 바다 건너 중국과 일본에 무역해서 가져온 보물들이 대단했다. 이 황포돛배와 꾀죄죄한 벼슬아치들 깃밑 탕관을 지킨 일은 세력이 높던 백제왕의 공로에서였다.

훈도시 글 가르친/ 하양옷 두건/ 들락날락 물길./
백마강 차나락배/ 푸첸성(福建省) 나라(奈良)/ 왔다리 갔다리./
곤룡포 신바람에/ 바쁜 뱃머리/ 챙겨온 황금꽃./
삿대든 황포돗대/ 구드래 탕관/ 지킨 백제 성왕./
「구드래 탕관」 전문.

그러나 다음 시편에서는 한때 그렇게 융성하던 백제가 나당연합군에 멸망한 후의 정경을 읊는다. 「황포 나루」는 바다를 건너와 의자왕을 생포했던 당나라 장군 소정방(蘇定方)이 대왕포 하류에 갑자기 태풍이 몰아쳐 병선들이 뒤집히자 그 이유를 일관에게 물었다는 백마강 전설과 연결된다. 그것은 백제정벌에 화가 난 바다의 용이 화를 낸 것이니 백마를 미끼로 해서 용을 낚아 가라앉혔다는 이야기다. 그렇게 큰 용을 낚은 조룡대(釣龍臺)에서 거드름을 피는 장군의 모습을 고란초 어린 달빛과 낙화암의 칼바람, 둔덕 위의 갈대나 일렁인 물살 위의 황포 돛대와 대조시킨 애상조의 시 이미지가 인상적으로 다가든다.

용 낚은 백마미끼/ 조룡대 바위/ 소정방 거드름./
고란초 어린 달빛/ 매달린 애수/ 낙화암 칼바위./
갈대춤 둔덕 위에/ 걸린 낮달은/ 하늘 가른 북춤./
백마강 황포돛대/ 일렁인 물살/ 달아난 옛 하늘./
- 「황포 나루」 전문.

윗 시편과 달리 영남편 중에 「셔블 아리랑」은 천년고도 경주의 안압지를 비롯한 문무대왕 등을 소환하여 신라의 영광과 은성

한 문화로 꽃핀 옛 역사를 낭만적으로 되살리며 구가한다. 통일 신라의 연회를 베풀던 옛 별궁인 안압지는 물론 첨성대나 밤하늘로 이어지는 천문학 지향과 화랑도의 호국별만이 아니다. 나라를 지키기 위해 바다에 안장된 무열왕릉으로 잇다은 호국 이미지가 건강하고 진취적인 이미지라서 좋다.

    안압지 첨성대에/ 걸린 밤하늘/ 화랑도 호국별./
    불국사 아쟁소리/ 달뜨는 염불/ 새바람 동방향./
    분황사 여황 도포/ 불꽃튄 사랑/ 한 덩어리 반도./
    해신된 문무대왕/ 닦은 반월성/ 천천세 만만세./
                                  - 「셔블 아리랑」 전문.

    그런 한편, 「배산임수(背山臨水)」는 유네스코에서 2010년 세계문화유산으로 지정된 경주의 '良洞마을'을 모델로 삼은 작품이다. 앞에는 강을 두고, 뒤에는 산을 두른 채 큰 소쿠리처럼 언덕을 이룬 풍수지리 못지않게 종가 고택과 상민들의 초가집 삶터가 조화롭다. 조선 중기 영남지방의 모델을 이룬 이 마을은 더욱이 경주-월성 손씨와 여강-여주 이씨 중심의 씨족 마을로서 여러 유학적인 인물도 배출하고 있어 유명하다. 마을 주변의 울타리나 귀한 나무들로 이루어진 조경 또한 일품임을 드러내고 있는 시편이다.

    형산강 수놓는 물/ 적신 안강 녘/ 공자왈 이언적./
    맹자왈 양동 손가(孫家)/ 저녁놀 동산/ 그리운 한양땅./
    찔레꽃 배롱나무/ 넝쿨 탱자낡/ 가르친 참을 인(忍)./
    달구지 횃대 오른/ 동녘 사립문/ 별 지킨 가릿대./
                                - 「배산임수(背山臨水)」 전문.

위 시편과 다른 「聖人峯1」은 해발 984미터 산봉우리 연작 중의 하나이다. 특이한 지세와 바위들이며 쾌속선이 운행하는 바다의 정경 등을 곁들인 시편이다. 김 시인의 여느 작업에 많이 삽입된 역사나 인물에 상관된 작품이 아니라서 한 폭의 풍경화처럼 시원하다. 그러면서도 그 가운데 바닷바람 속에 자라나는 부지깽 나물과 원시적인 안식의 향수를 자아내는 너와집 근처에서 싹트는 천궁 약초의 씨가 생명력을 자아낸다.

꼬불길 해발 5백/ 부지깽나물/ 너와집 천궁 씨./
애타는 촛대바위/ 매달린 하늘/ 떠나는 쾌속선./
뒤집힌 2백만 년/ 우산국 바다/ 오징어들 친구./
통구미 거북바위/ 불타던 억겁/ 헤는 창파 용암./
- 「聖人峯1」 전문.

울릉도와 이웃한 「독도 파랑」 역시 너무나 많이 논의하는 한일 양국과의 분쟁 이야기로 접근하지 않아서 신선하다. 푸른 동해상에 자리한 독도의 두 섬을 하나의 예술품으로 보며 4백만 년 동안 한반도 동해를 지켜온 동해 파수꾼이라는 것이다. 경북 울릉군 울릉읍 독도리 천연기념물 제336호인 독도를 한일 양국이 영유권의 대상으로 싸우기보다 바다제비와 갈매기들의 삶 터전으로 대해주길 바라는 마음으로 이해된다.

예술품 지구 걸작/ 물개놀이터/ 금수강산 첨병./
전해준 이끼양식/ 심은 아리랑/ 하양 바지적삼./
지켜온 4백만년/ 동해 파수꾼/ 독도항 물소리./
숨이은 바다제비/ 갈매기들 집/ 해뜨는 코리아./
- 「독도 파랑」 전문.

위 작품들에 견주면 「남명 고을」은 색다르게 옛 선비들의 학덕을 기린 시편이다. 조선 중기의 큰 학자인 퇴계 이황과 동갑인 성리학자 남명 조식(南冥 曺植)의 덕천서원을 탐방한 소감을 압축한 내용이다. 상사화를 통한 학자들 우정이나 살구, 매화 같은 식물적인 상생의 이미지와 지리산 기슭의 '청청 푸른 개울'로 잘 비유되어 있다.

상사화 보듯 만난/ 지리산자락/ 남명 조식선생./
산청골 덕천서원/ 냇가에 모인/ 오늘의 후학들./
이 퇴계 동갑내기/ 갑론에 을박/ 빛보는 문집들./
복숭아 살구 매화/ 향기 풍기는/ 청청 푸른 개울./
― 「남명 고을」 전문.

호남편에서는 새봄을 맞이한 남원골의 「광한루 하늘」보다는 여름철의 「군산(群山)항 나락배」 풍경부터 인상적으로 와닿는다. 경제적인 불황 속에 하릴없이 군산항 어귀의 빈배 위에서 낮잠에 떨어진 서민의 모습이 선연하다. 돈벌이 계산과는 딴판으로 일본인들이 북적이며 판을 치던 일제 강점기 실상을 전시한 근대역사관 사진 속의 몰골과 겹쳐진다. 옛 군산 부둣가에서 일하던 허름한 바지에다 땀에 배인 상투쟁이 인부와 다를 바 없다. 이웃의 장항 공장도 가동을 멈춘데다 1987년 정부의 대역사로 개발해온 새만금마저 침체되어 있는 현실을 묘파한 것이다.

빈 배에 걸린 삿대/ 코 고는 낮잠/ 군산항 흰 파도,/
튕기던 주판알엔/ 홑적삼 바지/ 상투 튼 땀방울./
게다짝 널부러진/ 근대역사관/ 조선 끝 한 자락./

불 꺼진 장항 굴뚝/ 하구언 넘어/ 출렁인 새만금./
- 「군산(群山)항 나락배」 전문.

이어서 「도초도 흰파랑」은 전남 신안군의 섬에서 살아온 어르신의 애환을 적고 있다. 겨우 바람막이할 정도의 헐렁한 배로 흰 물결 헤치고 비금도 백사장에서 무역선의 소금과 섬에서 특산물로 재배한 시금치를 사고팔며 지낸다. 80년 시집살이해온 할멈과 기껏 흑산도나 가볼까 하며 사는 인생이 눈물겨운 영상으로 떠오르는 작품이다.

금정산 탄(乘) 반월대/ 바람막 헐배/ 도초도 흰 파랑./
비금도 백사장엔/ 허풍선(虛風扇) 초로(初老)/ 지새우는 별밤./
무역선 소금배에/ 실려 온 추위/ 섬마을 시금치./
8십 년 시집살이/ 일백수 할멈/ 바라본 흑산도./
- 「도초도 흰 파랑」 전문.

「완도(莞島) 물길」은 265개의 크고 작은 도서로 이루어진 여러 섬 가운데 대교 외로 출렁다리로 이어진 섬 풍경을 다룬다. 푸른 물 등성 위로 솟아오르는 해녀들의 거품과 이웃 섬들을 오가는 사람들과 돛단배 들의 정경이 일품이다. 더구나 여기에서는 신라 흥덕왕 때에 중국이나 일본을 포함해서 동남아 일대의 무역과 해상권을 장악한 장보고의 청해진 권역이란 민족적 긍지를 떠올린다.

물 등성 해녀 거품/ 나는 꼬리연/ 창파는 푸르다./
오가는 신지·고금/ 약산 마량 길/ 춤추는 새 다리/
가로등 바다 안개/ 참아낸 하품/ 덩덜구 쫌팽이./

드나든 흰돛단배/ 엽전 긁어댄/ 장보고 청해진./

— 「완도(莞島) 물길」 전문.

이상의 각 지역 밖에도 몇 시편(잡록편)이 이삭줍기 이상의 작품으로 빛나고 있다. 이 시편들은 역사적인 서사나 전설로 복합적인 내용이 아닌 평면적 일상의 단면이기에 선명성이 짙다. 「하늘 찾는 날」은 모처럼 하늘 높고 맑은 봄날의 반겨줄 데 없는 어르신의 고독한 심경을 잘 그려내고 있다. 연속된 3-4-5-6 음절의 민조시 한 편씩을 편의상 연으로 칠 경우, 희 구름 뜬 첫 연에서는 시각적 이미지로 시작된다. 그리고 셋째 연에서는 쑥 캐고 냉이 꽃핀 버들밭의 능금나무는 식물적 이미지가 선연하다. 그리고 끝 연은 갈곳 없는 할아버지들이 활터나 찾아다니는 불청객 신세를 리얼하게 나타내서 공감을 이룬다.

하늘로 날아갈까/ 밟은 허공엔/ 디딜 곳 흰 구름./
달뜨는 언덕에나/ 찾아볼 것을/ 마음 걸어 둘 곳./
쑥 캐고 냉이 꽃핀/ 땅 버들 밭엔/ 늙은 능금나무./
할배들 활터에는/ 전봇대 손님/ '오이 오나카나,/ 가이 가나카나.'/

— 「하늘 찾는 날」 전문.

또한 「봄날」에선 역시 첫 연에서 새봄에 꽃내음 진한 아카시아에 모아 꿀벌을 모으는 후각이미지로 시작한다. 그리고 둘째 연에서는 골목에서는 품바와 하모니카를 통한 청각이미지로 있다가 끝 연에서는 첫 모내기와 푸른 촉이나 꼴의 식물적 이미지로 마무리하여 흥겹게 읽힌다.

주저리 아카시아/ 새봄을 꿰고/ 모으는 꿀벌들./

골목엔 풀잎 품바/ 하모니카 춤/ 희롱하는 귀, 코./
산 절로 물도 절로/ 찾아온 훈풍/ 하늘을 채웠다./
물 채운 첫 모내기/ 가느다란 촉/ 낫 꼴 베는 5월./

- 「봄날」 전문.

끝으로 「잃어버린 공포」는 근래 한반도에 긴급한 현안이 되고 있는 핵 공격으로 인한 전쟁의 불안감을 고발한 시편이다. 핵의 위험성을 머리 위에 이고 사는 우리 처지로서는 민감한 사안이다. 그럼에도 너무나 자주 미사일 실험을 겪은 터라 이제 공포감을 잊고 지내는 실정이지만. 적대적인 주변 강국들의 위협 속에 우리는 언제 제대로 주권 행사를 하며 살 것인가를 일깨우는 문제작이다. 민조시에서도 이렇게 현안의 참여의식을 살릴 수 있음을 보여준 작품으로서 주목된다.

이고 잔 버섯구름/ 앞뒤 없는 차/ 잊어버린 공포./
호랑이 사자 늑대/ 정글은 깊고/ 숨구멍 한줄기.
아까운 발버둥에/ 짓밟힌 민초/ 무거운 철갑차./
어느 날 꼭두각시/ 제 팔 흔들며/ 살아갈 날 올까./

- 「잃어버린 공포」 전문.

그리고 「꿈 같은 날」에서는 시인 스스로 겸허하고 진실된 마음으로 친손주를 얻은 기쁨을 담아내고 있다. 자신의 인간적인 삶의 모습을 민조시에서도 생생히 드러낼 수 있음을 솔선해 보인 작품이다. 앞으로도 가끔은 이렇게 친족이나 사생활적인 내용을 시 미학적인 범주 안에서 활용함도 가능하다고 생각된다. 이런 점에서 김운중 시인의 친손주 얻음에 축하의 마음을 함께한다.

친손주를 얻은 기쁨/
새 생명 아쉰 기쁨/ 반가운 축복/ 이름 찾은 애비./
긴 여정 꿈속에서 흐르던 핏줄/ 할배 마음잔치./

― 「꿈 같은 날」에서.

장르 활용의 기법과 지향점

   김운중 시문학의 형식 면에서는 무엇보다 민조시라는 새 장르를 활용하여 관심을 끈다. 앞에서 말한 바처럼 일본문학을 전공한 시인 자신의 제3시집 서문도 참고된다. "음미할수록 간결하고 신선한 맛이 나는 우리 민족의 음률인 3·4·5·6 민조의 정형을 기행시에 접목시켜 보고자"한 점 또한 수긍된다. 문제는 아직 일반에 생소한 4행 18음절로서 한국 서민층의 정형시인 민조 시문학과 일본의 서민 시가체로서 3행 17음절인 하이쿠(俳句)의 상이점을 분명히 했으면 한다. 그리고 한국 전래의 시조나 단가 등과의 차별성에 대한 보다 학문적인 구명과 위치 설정을 바탕으로 활용되었으면 싶다. 민조시는 산스크리스트어에 뿌리를 둔 채 향가, 여요, 민요 등으로 연결되었다는 고증도 마찬가지이다.
   요즘도 일본에서는 '하이쿠가 순간 속의 영원을 담는다' 할 만큼 세계에서 가장 짧은 시가 양식으로 성행한다고 알려져 있다. 시 장르는 사물의 인상을 최소한으로 응축시킴이 본령이라는 허버트 리드의 주장과도 일치하기에 민조시 추구의 타당성이 인정된다. 김운중 시인의 민조시 작품 성향에는 그런 긍정적인 면이 많아서 좋다. 단아하되 날카로운 풍자성을 지닌 초기 등단작부터 일본 하이쿠와는 차별성을 보인 것이다. 당선작인 「봄비」

나 「시렁거사-정치하는 사람들」에서는 한 편씩만의 소박한 내용으로 3-4-5-6 음절에 맞추되 행의 구분에 다소의 융통성을 두었다. 근대 일본의 하이쿠 대가인 바쇼(芭蕉, 1644~1694)식의 계절이나 3행 17음절에 갇힌 채 미세한 곤충류와 화초를 서정적으로 읊은 틀에서 벗어난 성향부터 긍정적이다. 날로 발전해 가는 사회에 발맞춰 우리답게 행하는 역동적인 접근이 필요한 것이다.

 김운중의 초기 시집부터 민조 시의 음절에 맞추되 다양한 변화로써 입체적인 시적 효과를 거둔다. 첫 시집에서부터 민조 시의 기본적인 여러 작품을 일반 시의 연처럼 작품 성향에 맞춰서 활용하여 효율성을 얻고 있다. 일종의 파격적인 개선을 위한 연작성의 창작적 행보는 거침없이 활달하게 역사, 전설, 시사적인 서사를 담아내는 기행시에 필요한 요소이다. 기본 민조시의 계속적인 일반시 연 대용식 활용은 이후 시집에서도 빈번하게 사용되다가 이번 제6시집 『셔블 아리랑』에서는 거의 4개의 연처럼 질서화시켜서 바람직하다. 그만큼 김운중 시인은 옛것의 전통은 존중하되 불편한 기존의 틀에 묶이지 않고 수시로 과감하게 개선하려는 긍정적 자세를 지닌다. 그것은 최근 2년 동안 겪는 코로나 팬데믹 속에서 묵묵히, 그동안 지구촌 곳곳의 문화탐사자료를 두 권의 시집으로 엮는 과정에서 터득한 탈속의 지혜로 보인다.

값진 마무리를 위하여

 위에서 살펴본 바처럼 마침 생후 여섯 번째로 맞이하는 호랑이해에 맞춰 펴내는 김은중 시인의 여섯 번째 시집 출간을 진심으로 거듭 축하한다. 아울러 그동안 국내를 비롯한 지구촌 곳곳을 탐방하면서 보고 느낀 정보와 소감을 올해까지 일곱 권의 민조 시집으로 펴내서 값진 기록을 세웠음에 더욱 마음의 갈채를 보낸다. 여러 독자와 시인의 중간 매개자로서 대화한 평설자 역시 기쁜 기분이다. 실로 대단한 보람이라서 바람직한 전환도 모색할 시점이라고 생각된다. 그러기에 여러 권의 시집을 통독한 독후감 겸 문단인으로서 격려의 뜻을 담은 몇 가지 조언을 드리고 싶다.

이순을 넘어 인생의 종심(從心) 연륜에 들어선 김운중 시인은 이제 기행시집으로부터 해방될 일이다. 미련이 남는다면 여건대로 북한지역을 포함해서 국내외의 빠진 데는 이삭줍기로 보충해서 80대쯤에 펴내면 된다. 그리고 제4시집 서문에서 "꾸며진 글이 싫어 온 천지를 돌아다니게 되니 그 또한 즐거운 행보였다."-는 가상한 점이지만 고정관념에서는 벗어날 일이다. 아리스토텔레스의 견해처럼 시인은 현재나 과거에 실재했던 사실만 다루는 역사가와 달리, 앞으로 가능한 세계를 상상력으로 활용해서 작품화하는 게 더 가치 있는 존재이기 때문이다. 현지답사만이 아닌 미래나 우주의 세계도 문학의 영역으로 열려있다.

무엇보다 중요한 문제는 이번 시집 출간으로 기행문학의 새로운 기록을 세운 김운중 시인 스스로 자세를 가다듬고 새롭게 문학적 변모를 꾀할 시점이란 점이다. 오랜 세월에 걸쳐서 특수하게 세계 각처를 답파하면서 거시적이고 외면적인 역사, 지리, 사회, 풍속 등을 챙겨 작품으로 압축해 넣느라고 애쓴 대신에 온전한 문학 발전에는 저해 요소가 적지 않았다. 그러므로 앞으로는 더 인간적인 성찰과 달관 경지의 고독, 사랑, 죽음 등의 내면적인 아픔을 서정적으로 밀도감 있게 형상화한 르네상스적인 복귀 노력이 따라야 마땅하다. 그렇게 함으로써 오랜 양적인 기행

시문학에서 잃은 것을 채운 나머지 바람직하게 질량을 겸비한 중견- 원로시인으로 발돋움하게 되기 때문이다.

아무쪼록 꾸준한 자세로 시문학 창작에 진지하게 임해온 김운중 시인의 건필을 빌며 대성을 바란다.

김운중 제6기행민조시집

세블 아리랑

초판 1쇄 _ 2022년 3월 25일
초판 발행 _ 2022년 3월 30일

지은이 _ 김운중
펴낸이 _ 양상구
펴낸곳 _ 도서출판 채운재
주　소 _ 우)02586 서울시 동대문구 난계로26길 17 삼우빌딩 C동 205호
전　화 _ 02-704-3301
팩　스 _ 02-2268-3910
이메일 _ ysg8527@naver.com

ISBN 979-11-92109-08-4
값 15,000원

파손 및 잘못된 책은 교환해 드립니다.
저자와의 협의에 의해서 인지를 생략합니다.